R. ANTONETTI

GOUVERNEUR DES COLONIES

LIEUTENANT-GOUVERNEUR DE LA CÔTE D'IVOIRE

PROBLÈMES COLONIAUX

LA CÔTE D'IVOIRE
PORTE DU SOUDAN

PUBLICATION

DU

COMITÉ DE L'AFRIQUE FRANÇAISE

21, Rue Cassette, 21

PARIS

1921

R. ANTONETTI

GOUVERNEUR DES COLONIES

LIEUTENANT-GOUVERNEUR DE LA CÔTE D'IVOIRE

PROBLÈMES COLONIAUX

LA CÔTE D'IVOIRE
PORTE DU SOUDAN

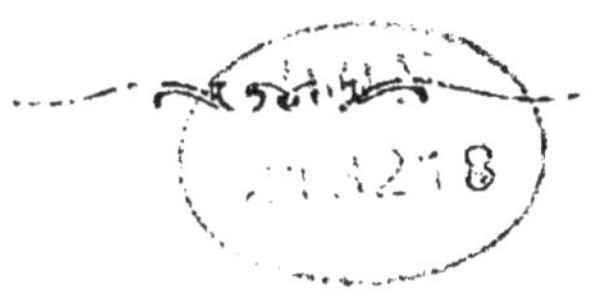

PUBLICATION

DU

COMITÉ DE L'AFRIQUE FRANÇAISE

21, Rue Cassette, 21

PARIS

1921

LA CÔTE D'IVOIRE
PORTE DU SOUDAN

On entendait autrefois par « Soudan » le vaste territoire peuplé de Mandés (Bambaras et Malinkés), de Sénofos, Bobos, Lobis et Mossis, (pour ne citer que les races principales) qui s'étend du Fouta-Djallon au Moyen-Niger, de la Mauritanie à la forêt de la Côte d'Ivoire et de la Gold-Coast.

Sa limite Sud était formée par la grande forêt équatoriale qui le séparait de la mer dont elle fermait l'accès aux populations des régions de savanes ou couvertes de la brousse maigre caractéristique des plaines soudanaises.

La forêt était pour les Soudanais de toute race un objet d'effroi.

Ils la considéraient comme pratiquement infranchissable. Les animaux de selle ou de bât y mouraient; les caravanes y étaient attaquées par les populations sylvestres qui non seulement convoitaient les marchandises, mais, plus encore qu'elles, la chair des caravaniers et ceux-ci savaient trop que l'on avait de grandes chances, quand on avait une fois pénétré dans la forêt, de n'en plus sortir.

De loin en loin quelques rares routes, difficiles et dangereuses, permettaient d'y accéder et de troquer les esclaves, que fournissait en abondance le Soudan contre l'or, les fusils et la poudre de traite qui, de proche en proche, grâce à de multiples intermédiaires, parvenaient à monter à travers la forêt, de la zone côtière à la zone soudanaise.

Sauf ces quelques rares articles, qui laissaient un bénéfice énorme aux intermédiaires, aucun mouvement commercial, nulle circulation n'étaient possibles à travers la forêt qui constituait une barrière pratiquement infranchissable. La véritable porte du Soudan sur la mer était au Nord, sur le Niger : — à Tombouctou, à Djenné, à Ségou.

*
* *

C'est dans ces villes qu'étaient ses grands marchés ; c'est vers elles que se tournaient ses regards ; c'est par elles que lui arrivaient avant la conquête les échos du monde extérieur.

Presque tout le commerce du Soudan se faisait alors avec les tribus nomades du Sahel et du Sahara ; Tombouctou et Ségou étaient les grands marchés sur lesquels s'opéraient les échanges.

Les Dioulas Bambaras et Mossis apportaient là de la poudre d'or, des grains, du beurre de karité, quelques étoffes de fabrication locale et surtout des captifs, hommes et femmes, dont les chefs Malinkés, Bobos, Peulhs et Mossis, qui se faisaient une guerre continuelle, étaient les grands pourvoyeurs. Les grains, les étoffes étaient achetés par les Maures et les Touaregs ; les esclaves, la poudre d'or, l'ivoire par les Arabes et les Marocains, qui venaient à Tombouctou de Tripoli, de Tunis, d'Alger, du Maroc. C'est le Mossi qui approvisionnait d'eunuques noirs les harems de Constantinople.

Les caravanes du Nord apportaient en échange du sel, un peu de sucre, des guinées de l'Inde, des étoffes brochées, de la verroterie, des tapis de selle, des armes blanches, etc... C'est sur le Niger

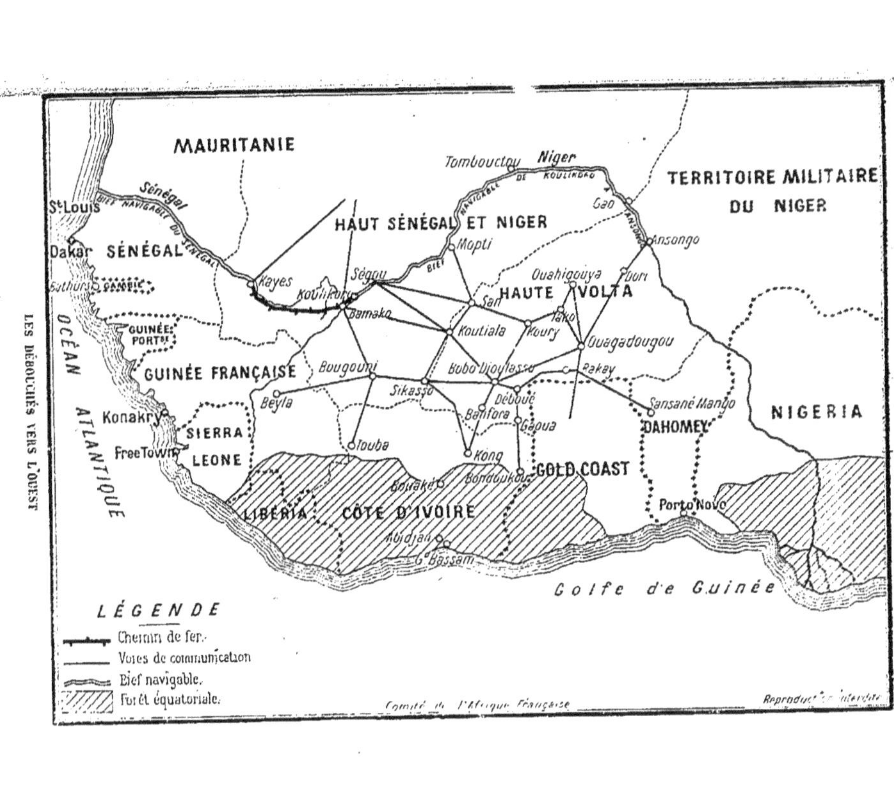

LES DÉBOUCHÉS VERS L'OUEST
MAURITANIE
Sénégal
BIEF NAVIGABLE DU SÉNÉGAL
St-Louis
Dakar
SÉNÉGAL
Bathurst GAMBIE
OCÉAN ATLANTIQUE
GUINÉE PORT.
GUINÉE FRANÇAISE
Konakry
FreeTown
SIERRA LEONE
Kayes
Koulikoro
Bamako
Ségou
Bougouni
Beyla
Touba
LIBERIA
CÔTE D'IVOIRE
Bouaké
Abidjan
G. Bassam
Tombouctou
Niger
DE KOULIKORO
BIEF NAVIGABLE DU NIGER
BIEF
Mopti
San
Koutiala
Sikasso
Banfora
Kong
Bondoukou
HAUT SÉNÉGAL ET NIGER
HAUTE VOLTA
Ouahigouya
Fada
Yako
Koury
Bobo-Dioulasso
Débou
Gaoua
Gao
Ansongo
Ouagadougou
Pakay
Sansané Mango
DAHOMEY
GOLD COAST
Porto-Novo
TERRITOIRE MILITAIRE DU NIGER
NIGERIA
Golfe de Guinée
LÉGENDE
Chemin de fer.
Voies de communication.
Bief navigable.
Forêt équatoriale.
Comité de l'Afrique Française
Reproduction interdite

que se faisait tout le commerce extérieur du Soudan. (Voir carte, p. 8.)

Les Dioulas ne connaissaient pas les routes du Sénégal, ou de la Guinée, trop longues et trop peu sûres pour eux. Vers le Sud, n'osant pénétrer dans la forêt, ils ne dépassaient pas les marchés de Beyla, de Touba, Kong et Bondoukou, où ils allaient s'approvisionner en noix de kolas, en poudre d'or et en armes de traite.

La conquête française et la pénétration progressive par la vallée du Sénégal modifièrent peu à peu ces courants commerciaux : avec nos troupes, arrivaient des produits d'Europe; des marchés se créaient à Médine, à Bafoulabé, à Kita; les grands bateaux remontaient le fleuve aux hautes eaux jusqu'à Kayes et apportaient de gros stocks de marchandises qui pouvaient être écoulées à un prix bien inférieur à ceux demandés par les caravaniers Maures ou Arabes. La déchéance de Tombouctou commençait. Elle devait s'achever avec la conquête et l'occupation de la Boucle du Niger et la construction du chemin de fer de Kayes à Koulikoro, qui permettait aux marchandises venant par le Sénégal d'aller concurrencer jusqu'à Tombouctou même celles venant par le Nord.

Tout le réseau de routes dont fut doté le Soudan à cette époque, routes qui existent toujours et qui orientent encore le mouvement commercial, fut déterminé par cette recherche de la mer. Toutes vont vers l'Ouest. (Voir carte, p. 5.)

Mais ce second stade de la vie économique du Soudan, commencé avec l'achèvement du Kayes-Niger en 1904, ne devait être que de courte durée.

Les événements ont marché depuis cette époque. Un grand programme de construction de voies ferrées, élaboré par le chef éminent que fut pour l'Afrique Occidentale Française M. le gouverneur général Roume, et exécuté par M. Ponty, la pacification de la Côte d'Ivoire sous l'énergique impulsion de M. le gouverneur général Angoulvant, la guerre qui nous a rendu le Togo, dépendance naturelle du Dahomey, le nouveau programme de grands travaux qu'a dicté à M. le gouverneur général Merlin sa connaissance approfondie de l'Afrique Occidentale Française vont enfin ouvrir au Soudan un chemin direct vers la mer.

Il y a là un fait nouveau, extrêmement important, et qui va modifier toute la vie économique de plusieurs millions d'hommes.

Après avoir pendant d'innombrables années regardé vers le Nord et cherché la mer à travers 4.000 kilomètres de sable ; après l'avoir pendant une période d'une vingtaine d'années trouvée vers l'Ouest par une route plus courte de moitié, mais difficile, nécessitant de multiples transbordements, soumis aux caprices de la crue du Sénégal, le Soudan voit enfin s'ouvrir le chemin de l'Océan par une voie directe longue seulement de 600 kilomètres.

Cet événement considérable fut perçu avec une grande justesse de vue par le ministre des Colonies Simon, et c'est pour préparer cette orientation nouvelle du Soudan vers le Sud qu'il créa cette colonie de la Haute-Volta, dont la naissance fut si discutée.

Le Soudan n'a pas été coupé en deux colonies par un décret, mais par la première locomotive qui après avoir traversé la forêt de la Côte d'Ivoire est parvenue aux abords de la plaine soudanaise. C'est de ce jour-là qu'il y a eu deux Soudans, celui qui continue à regarder vers le Niger et par le Thiès-Kayes se relie au port de Dakar ; celui

Reliure serrée

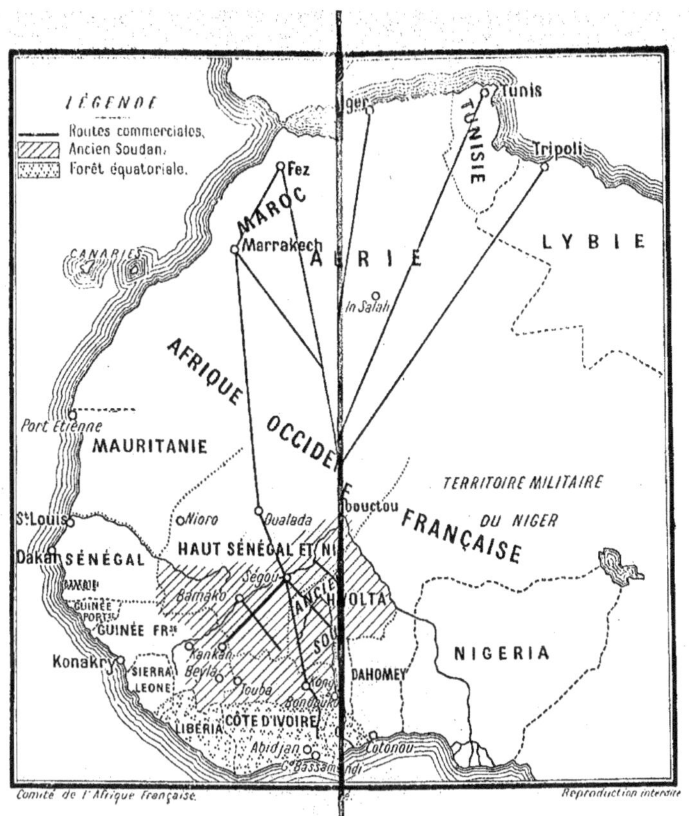

LES ANCIENNES ROUTES COMMERCIALES

qui cherche la mer au Sud, à travers la forêt de la Côte d'Ivoire et qui la rencontre à Grand Bassam.

C'est cet événement qu'a consacré le décret donnant naissance à la Haute-Volta. Il signifiait un fait nouveau à la jeune Colonie : il lui apprenait que toutes ses routes jusque-là dirigées vers l'Ouest, devaient dorénavant regarder vers le Sud. Il dégageait les conséquences économiques des faits nouveaux, il déterminait implicitement le tracé des chemins de fer de l'A. O. F. et leur zone d'action respective. (Voir carte, p. 11.)

*
* *

J'ai écrit plus haut que la création d'une voie nouvelle mettant le Soudan à 600 kilomètres de la mer était un événement considérable. Il va modifier, en effet, la vie et les destinées de plusieurs millions d'hommes.

La carte démographique ci-après (Voir carte p. 13) permettra d'apprécier son importance. Elle montrera que les seules régions réellement peuplées du Soudan sont celles qui sont au nord de la Côte d'Ivoire; sur 6 millions d'habitants que compte le Soudan, 4 millions sont tributaires du chemin de fer de la Côte d'Ivoire.

Or, du fait de leur éloignement de la mer, de l'impossibilité d'exporter ou de recevoir, ces 4 millions d'hommes avaient été jusqu'à ce jour mis dans l'impossibilité de participer à la vie économique de la grande colonie de l'Ouest africain.

L'arrivée du chemin de fer de la Côte d'Ivoire dans la plaine soudanaise réalisera l'annexion économique à l'A. O. F. de ces 4 millions de producteurs et de consommateurs (1). Tel quel, l'évé-

---

(1) Voici ce que j'écrivais en 1919 :

« Dans l'intérieur de toute la partie française de la boucle du

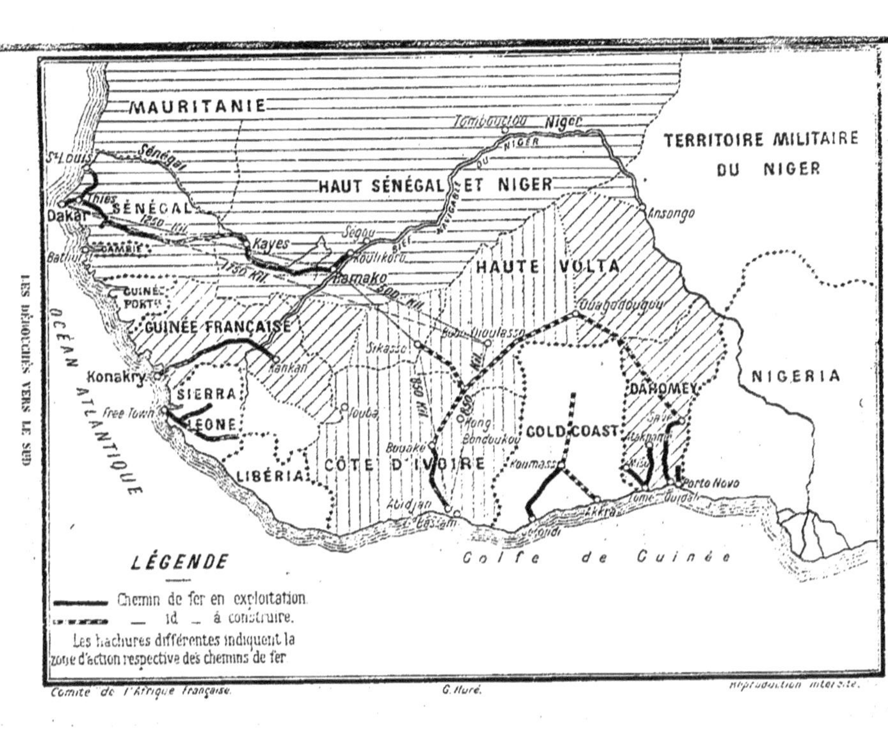

MAURITANIE
Tombouctou
Niger
St Louis
Sénégal
TERRITOIRE MILITAIRE DU NIGER
Dakar
Thiès
SÉNÉGAL
1250 Kil.
HAUT SÉNÉGAL ET NIGER
Ansongo
Bathurst
GAMBIE
Kayes
Ségou
Koulikoro
Bafoulabé
Bamako
750 Kil.
HAUTE VOLTA
GUINÉE PORT.
GUINÉE FRANÇAISE
Bobo-Dioulasso
Ouahigouya
Konakry
Kankan
Sikasso
NIGERIA
free Town
SIERRA LEONE
Djouba
DAHOMEY
Bouaké
Kong
Bondoukou
GOLD COAST
Savé
Atakpamé
LIBÉRIA
CÔTE D'IVOIRE
Koumassi
Misu
Porto Novo
Abidjan
Lassam
Akkra
Lomé
Ouidah
Colidi
Golfe de Guinée
OCÉAN ATLANTIQUE
LES DÉBOUCHÉS VERS LE SUD
LÉGENDE
Chemin de fer en exploitation.
id. à construire.
Les hachures différentes indiquent la zone d'action respective des chemins de fer
Comité de l'Afrique française.
G. Huré.
Reproduction interdite.

nement serait considérable, mais il entraîne bien d'autres conséquences.

La Côte d'Ivoire est un pays dont le sol est couvert de richesses, mais à peine exploitées faute de main-d'œuvre. Or, celle-ci abonde au Nord, où elle ne trouve pas à s'employer. Comme je l'écrivais déjà en 1919 en examinant les services que rendrait le chemin de fer :

Il mettra en relation les régions médiocrement fertiles et très peuplées — presque trop peuplées pour des races qui ne font que de la culture extensive — des régions de la Volta et du Mossi avec les régions extraordinairement riches mais trop peu peuplées de la Basse Côte d'Ivoire.

Au Nord sont les bras trop nombreux pour un pays entièrement déboisé où les pluies trop rares ne permettent guère de produire que du mil, du karité, de faire de l'élevage.

Au Sud sont les immenses palmeraies incultes inexploitées (1) faute de bras — qui bordent la côte, la grande forêt prodigieusement riche en espèces de toutes sortes dont le manque de main-d'œuvre entrave l'exploitation.

Au Nord les bras, au Sud les richesses. Depuis que le chemin de fer a traversé la forêt, les Sou-

---

Niger, on ne trouve pas une maison de commerce européenne.

« Sur des milliers de marchés on ne trouve d'autres produits européens que des allumettes et quelques perles. Le numéraire y est totalement inconnu, c'est une denrée que l'on se procure difficilement en petite quantité en envoyant du bétail dans les colonies côtières. Une fois la somme nécessaire au produit de l'impôt (de 0 fr. 60 à 2 fr. 50 par tête) rassemblée et versée, le numéraire disparaît.

« L'indigène y vit de son mil, de son karité, fabrique ou travaille le fer de ses outils, les bandes de coton dont il s'habille, le dolo dont il s'enivre, le cuir dont il harnache ses chevaux. Les transactions se font en cauris. Aucun progrès, aucune amélioration ne sera possible tant qu'un chemin de fer n'aura pas permis aux produits de cette zone, karité, dá, sisal, coton, arachides, de descendre; aux produits européens d'y pénétrer. »

(1) Avec une étendue de palmeraies cinq à six fois plus considérable que celle du Dahomey, la Côte d'Ivoire n'a produit pendant longtemps que 5.000 à 6.000 tonnes d'huile et 7.000 à 8.000 tonnes de palmistes par an alors que le Dahomey produisait 20.000 tonnes d'huile et 25.000 tonnes d'amandes. La Côte d'Ivoire put arriver à 12.000 tonnes d'huile et 18.000 tonnes d'amandes en 1919, mais avec une main-d'œuvre suffisante cette production pourrait être décuplée.

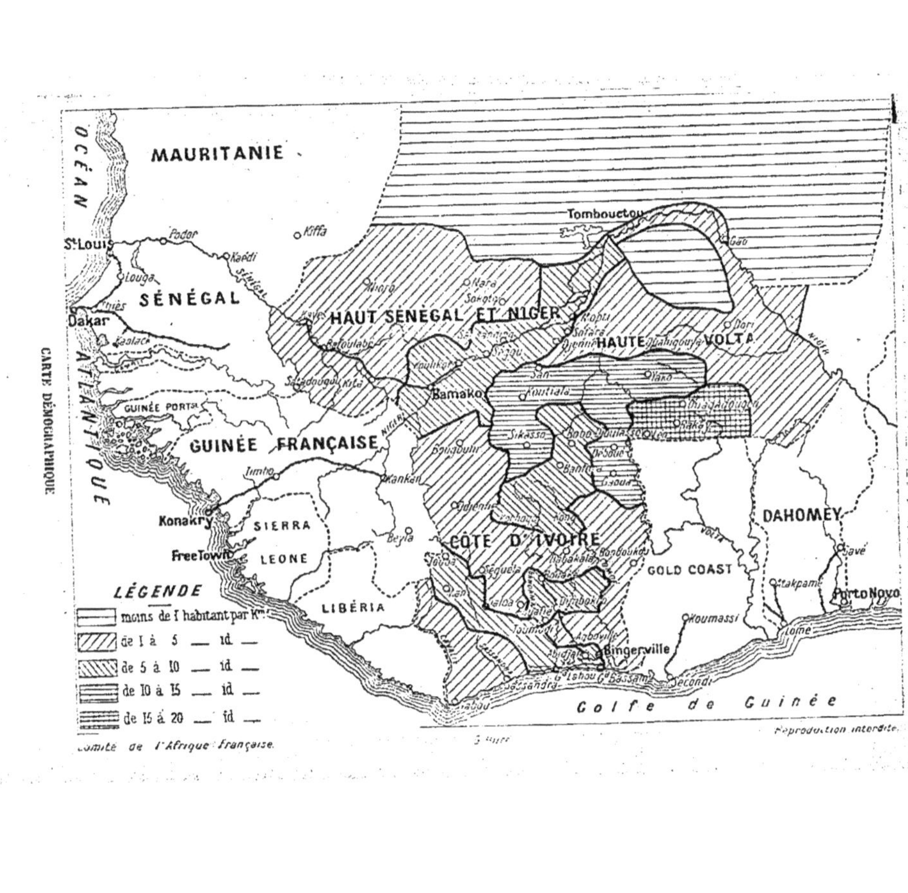

CARTE DÉMOGRAPHIQUE
OCÉAN ATLANTIQUE
MAURITANIE
St-Louis
Podor
Kaédi
Kiffa
Louga
Thiès
SÉNÉGAL
Dakar
Kaolack
Saldé
Bafoulabé
Satadougou
Kita
Miafo
Nara
Sokolo
HAUT SÉNÉGAL ET NIGER
Tombouctou
Gao
Mopti
Safara
Djenné
Bandiagara
Dori
Niger
HAUTE VOLTA
Ouagadougou
GUINÉE PORT.
GUINÉE FRANÇAISE
Timbo
Bamako
San
Koutiala
Ouaka
Niger
Kankan
Beyla
Sikasso
Bobo Dioulasso
Dédougou
Bougouni
Banfora
Kong
KonakryKory
Free Town
SIERRA LEONE
Odienné
CÔTE D'IVOIRE
Bouna
Bondoukou
DAHOMEY
Savé
LIBÉRIA
Touba
Séguéla
Kati
Toumodi
Dimbokro
Agboville
GOLD COAST
Atakpamé
Porto Novo
Sassandra
Grand Lahou
Grand Bassam
Secondi
Koumassi
Lomé
Bingerville
Golfe de Guinée
Reproduction interdite.
LÉGENDE
moins de 1 habitant par Km²
de 1 à 5 — id —
de 5 à 10 — id —
de 10 à 15 — id —
de 15 à 20 — id —
Comité de l'Afrique française.

danais commencent à descendre vers le Sud et il y en a déjà quelques milliers dans la Basse Côte d'Ivoire, mais ce nombre peut être décuplé, centuplé. La Basse Côte d'Ivoire peut occuper un million d'hommes, — le chemin de fer seul les amènera.

Enfin, il est une face du problème aussi importante, plus peut-être encore que les deux autres, car elle touche à la vie même de plusieurs centaines de mille individus. Le sort de toute une race dépend de lui.

La forêt équatoriale est peuplée, mais peu, et par une race que la misère, les privations ont conduite au dernier degré de la sauvagerie et de la misère physiologique. Elle ne se nourrit guère que de fruits sauvages et de bangui (vin de palme) et elle manque presque totalement de matières azotées. Elle est naturellement très paresseuse et incapable d'efforts. Mais n'est-ce pas parce qu'elle est mal nourrie ? Or elle est très gourmande de viande et ces races si paresseuses sont capables de faire un gros effort pour s'en procurer. Malheureusement la viande est rare et très chère à la Côte d'Ivoire où la forêt se prête mal à l'élevage.

Par contre le Soudan possède des troupeaux considérables, mais il ne peut les amener à la côte par étapes qu'en laissant sur les routes un déchet considérable qui représente parfois les deux tiers du troupeau primitif, dont les survivants épuisés par une longue route, la fatigue, les privations valent un prix exorbitant et ne donnent plus qu'une viande sans valeur nutritive.

Là encore le chemin de fer jouera son rôle. Il fournira au Soudan un débouché pour ses troupeaux et il apportera à la population de la forêt, avec la viande qui lui permettra de lutter contre la misère physiologique qui la décime, une raison de travailler pour s'en procurer.

Cette face humaine et sociale de la question, l'amélioration du facteur humain, est loin d'être la moins importante. On la retrouve au fond de tous les problèmes africains.

Il n'y a, au fond, qu'une véritable richesse en Afrique : l'homme, et malheureusement presque toujours un homme mal nourri. Pour être judicieuse, c'est pendant longtemps encore dans ce domaine surtout que devra s'exercer notre sollicitude pour la race noire.

PARIS. — SOC. G⁰ D'IMP. ET D'ÉDIT., 17, RUE CASSETTE.

COMITÉ DE L'AFRIQUE FRANÇAISE

Président : M. JONNART, sénateur, gouverneur général honoraire de l'Algérie.

Vice-présidents : EUGÈNE ÉTIENNE, sénateur, ancien ministre, et ERNEST ROUME, gouverneur général honoraire des Colonies.

Trésorier : M. RENÉ FOURET.

Secrétaire général : M. AUGUSTE TERRIER.

Siège du Comité : **21, rue Cassette, Paris (6ᵉ).**

Tout Français souscripteur d'une somme au moins égale à 30 francs devient adhérent du Comité de l'Afrique Française et reçoit le *Bulletin* mensuel du Comité. Le minimum de cotisation est fixé à 25 francs pour les fonctionnaires coloniaux, l'armée et l'enseignement.

L'objet des souscriptions recueillies est :

D'organiser des missions d'exploration et d'études économiques dans les régions africaines soumises ou à soumettre à notre influence ;

D'aider aux missions organisées par le gouvernement ou par les associations géographiques et coloniales ;

De développer l'influence française dans les pays indépendants d'Afrique ;

D'encourager les travaux politiques, économiques et scientifiques relatifs à l'Afrique ;

De poursuivre des études et recherches destinées à préparer ou à appuyer les établissements privés de nos nationaux dans ces régions ;

De tenir les adhérents régulièrement au courant des faits concernant l'Afrique, spécialement au point de vue de l'action des nations européennes colonisatrices.

Un spécimen gratuit du Bulletin est envoyé franco à toute demande.

PARIS — SOCIÉTÉ GÉN. D'IMPR. ET D'ÉDIT., 17, RUE CASSETTE.